CATALOGUE
D'ESTAMPES
ANCIENNES

Provenant de la Collection de M. M*** [Arozarena ?]

DONT LA VENTE AUX ENCHÈRES PUBLIQUES AURA LIEU

HOTEL DES COMMISSAIRES-PRISEURS

RUE DROUOT, 5

SALLE N° 4

Les Lundi 27 et Mardi 28 Mai 1861, à une heure.

Par le ministère de Me DELBERGUE-CORMONT, Cre-Priseur,
rue de Provence, 8,

Assisté de M. CLEMENT, Md d'Estampes de la Bibliothèque Impériale,
rue des Saints-Pères, 3.

Chez lesquels se distribue le présent Catalogue.

EXPOSITION PUBLIQUE

Le Dimanche 26 Mai 1861, de une heure à quatre heures.

PARIS

RENOU & MAULDE

IMPRIMEURS DE LA COMPAGNIE DES COMMISSAIRES-PRISEURS

Rue de Rivoli, 144.

1861

CONDITIONS DE LA VENTE

La vente sera faite au comptant.

Les acquéreurs paieront, en sus des enchères, CINQ POUR CENT, applicables aux frais.

Les Estampes cataloguées sous le même numéro pourront être divisées.

ORDRE DES VACATIONS

Lundi 27 *mai* : 1 à 228.

Mardi 28 *mai* : 229 à la fin.

DÉSIGNATION

DES ESTAMPES

1. **Agricola.** Portrait du duc de Reichstadt. Charmant petit portrait de forme ovale.

2. **Alberti** (Cherubin). Saint Jean-Baptiste, debout (B. 67), d'après Michel-Ange. Superbe épreuve, signée P. Mariette, 1665.

3. **Aldegraver** (Henri). Pyrame et Thisbé (B. 102). Belle épreuve.

4. **Amann** (Jost). Buste de femme. Pièce rare, non citée par Becker.

5. **Amiconi** (D'après). Les quatre Éléments et les quatre Saisons, gravés par Wagner. 8 pièces.

6. **Anonyme**, de l'École de Marc-Antoine Raimondi. Dieu créant les animaux (B. 1). Superbe épreuve. Collection Cawet.

7. **Anonyme**, dans le goût de B. Franco. L'Adoration des Mages. Pièce en largeur, probablement d'après J. Romain.

8. **Anselin**. La Belle Jardinière; Mme de Pompadour. Très-rare et superbe épreuve avant toute lettre; grandes marges.

9. **Aquila** (Pierre). L'Ange gardien, d'après C. Maratte. Belle épreuve.

10. **Ardell** (Marc). Le Temps coupant les ailes de l'Amour, d'après Van Dyck. Epreuve avant la lettre.

11. **Badalocchio** (Sixte). Les quatre évangélistes, d'après Raphaël. Pièce non décrite par Bartsch, et rare.

12. **Baillie** (Guillaume). Portrait de Guillaume, prince d'Orange, d'après Terburg. Belle épreuve.

13. **Balechou** (Joseph). Sainte Geneviève, patronne de Paris. Superbe épreuve, avant les raies et avant le jupon *terminé*.

14. **Balestra** (Antoine). La Sainte Vierge accompagnée de saint Jean (B. 2). Belle épreuve.

15. **Barbe** (J.-B.). La Sainte Famille et la Madelaine, par Hess. Deux pièces.

16. **Bartolozzi.** Polyphème. L'Alsacienne, d'après Cipriani. Un supplice, par Agricola. Quatre pièces. Très-belles épreuves.

17. — Sir Henry Clinton et Charles Cornwallis. Deux pièces.

18. **Beaudoin** (D'après). L'Enlèvement nocture, par N. Ponce. Belle épreuve avant la lettre.

19. **Beham** (Barthélemy). L'Enfant et le Rinceau d'ornements (B. 51). Belle épreuve.

20. — Portrait de l'empereur Ferdinand Ier (B. 61). Belle épreuve.

21. **Beham** (Hans-Sébald). La Parabole de l'Enfant prodigue (B. 31. 34). Suite de quatre estampes.

22. — Cimon nourri par sa fille (B. 74). Belle épreuve.

23. — Combat de trois hommes (B. 95). Belle épreuve.

24. — La Patience (B. 138). Superbe épreuve.

25. — Les Noces de village (B. 154-163). Suite de dix estampes.

26. — Le Paysan à la fourche (B. 188). Belle épreuve.

27. — Etudes de têtes d'homme et femme (B. 219-220). Deux pièces, belles épreuves.

28. — Tête de cheval (B. 218). Le petit bouffon (B. 230). Deux pièces.

29. — Les Armoiries au coq (B. 256). Les Armoiries à l'aigle (B. 257). Deux pièces, belles épreuves.

30. — Le Soldat amoureux et autres. Trois pièces.

31. — **Labelle** (Etienne de). Portrait de Montjoye-Saint-Denis, Roy d'armes de France. Epreuve avant le nom de Labelle.

32. — Sainte Famille, plus la Vierge, par Pasquolino. Deux pièces,

33. **Berghem** (Nicolas). La Vache qui s'abreuve (B. 1). Belle épreuve avec l'adresse de Vischer.

34. — La Vache qui pisse. Très-belle et ancienne épreuve.

35. — Le Pâtre jouant du flageollet. Belle épreuve.

36. — Les Sujets d'animaux en hauteur. Quatre pièces, belles et anciennes épreuves.

37. — Le Pâtre causant avec la femme (B. 7). Belle épreuve d'une pièce rare.

~~38. — L'Homme causant avec la femme.~~

39. — Trois chèvres et une tête de bouc. Deux pièces.

40. **Biscaino** (Barthélemy). La Nativité (B. 7). Belle épreuve.

41. — La Vierge allaitant l'Enfant Jésus (B. 21). Belle épreuve.

42. — Saint Jérôme dans une grotte (B. 34). Belle épreuve.

43. **Bloemaert.** L'Avarice ; le Concert, etc. Superbes épreuves. Trois pièces.

44. **Boissieu** (Jean-Jacques de). Les Joueurs de boules (10). Très-belle épreuve.

45. — Entrée d'une forêt. Rigal, 72. Rare épreuve, tirée sur papier du Japon.

46. Le Charlatan, d'après K. Dujardin. Très-belle épreuve avant l'astérisque.

47. **Bol** (Ferdinand). Portrait d'officier (B. 12).

48. — La Femme à la poire (Cl. 16). Très-belle épreuve.

49. **Bolswert.** La Marche de Sélène, d'après Van Dyck. Belle épreuve.

50. **Bonasone** (Jules). Les Termes du Dieu Silvain et d'une nymphe, et ceux d'Hercule et de Déjanire (B. 165-166). Deux pièces.

51. **Bonnet.** Tête de jeune fille, d'après Lagrenée.

52. **Bos** (Corneille). Vulcain et ses Cyclopes forgeant les foudres de Jupiter. Rare.

53. **Bosse** (Abraham). Les Vierges folles (G. D. 43). Très-rare et superbe épreuve avant la lettre.

54. — L'Adolescence (G. D. 1079). 1re épreuve, avec l'adresse de Leblond.

55. — Louis XIII et Gaston d'Orléans à cheval. Pièce connue sous le nom des Forces de la France (G. D. 1228). Très-belle épreuve.

56. — La Naissance d'Adonis; ses amours et sa mort. Grande pièce de forme cintrée pour ÉVANTAIL (G. D. 1045). Très-rare.

57. **Boucher** (Fr.). La Petite reposée. Gravée à l'eau forte, par lui-même. Epreuve avant la lettre.

58. — Andromède; la Bergère endormie. Deux pièces gravées par Aveline et Daullé, etc. Trois pièces.

59. **Bout** (Pierre). La Jetée (B. 5). Belle épreuve.

60. **Bronkhorst.** Le Christ en croix. Très-belle épreuve de la pièce capitale du maître.

61. **Bry** (Jean-Théodore de). Triomphe de Bacchus. Belle épreuve.

62. — Epigramme de Martial. Charmante pièce de forme ronde, très-curieuse pour les costumes.

63. **Bry** (Théodore de). Marche de soldats. Belle épreuve.

64. **Bye** (Marc de). Différents moutons. Dix estampes. Très-belles épreuves.

65. **Callot** (Jacques). La Carrière de Nancy (M. 621). Epreuve du 1er état.

66. — Les Supplices (M. 665). Belle épreuve.

67. **Canaletti** (Antoine). Porte del Dolo, et autre vue de Venise. Deux pièces. Rares épreuves avant les numéros.

68. **Cantarini** (dit le Pesarèse). Portement de Croix (B. 20). Belle épreuve.

69. **Cantarini** (Simon, attribué à). Sainte Famille. Belle épreuve.

70. **Caraglio** (Jacques). Pierre Aretin. Rare. Collection Gawet.

71. **Careme** (d'après). L'Espagnolette et l'Espagnol, d'après Grimou. Deux pièces gravées par Flipart. Belles épreuves.

72. **Carpioni** (Jules). L'Hommage du petit saint Jean (B. 7). Belle épreuve.

73. **Carrache** (Augustin). La Tentation de saint Antoine, d'après le Tintoret (B. 63).

74. **Castiglione**. La Mélancolie (B. 22). Belle épreuve.

75. **Challe** (d'après). La Baigneuse. Deux épreuves dont une d'eau-forte pure.

76. **Cipriani** (d'après). La Comédie et la Tragédie. Deux pièces gravées par Bartolozzi.

77. **Claas** (A). Vignette au Triton (45); Vignette à la mère de deux enfants (47); Chasse aux cerfs. Trois pièces.

78. **Cochin** (d'après). Portrait de Mme Lecomte. Rare et belle épreuve avant la lettre.

79. — Portrait de Jacques Laure de Bretreuil, gravé par Watelet.

80. **Collyere** (Joseph). Portrait de Charlotte, reine de la Grande-Bretagne. Joli portrait imprimé en couleur, d'après J. Russel.

81. **Daven** (Léon). L'empereur Marc-Antoine offrant un sacrifice, d'après le Primatice (B. 14). Belle épreuve du premier état avant l'adresse.

82. **Longueil** (DE). Le Cabaret flamand et la Halte flamande, d'après J. Ostade. Deux pièces dont une avant la lettre.

83. **Dietricy** (CH.-E.). Le Pâtre chassant son troupeau et le Pâtre et les Bergères. Deux pièces, belles épreuves.

84. **Demarteau**. Vénus couronnée par les Amours. Deux pièces, d'après Boucher.

85. — Le Mouton chéri; le Plaisir innocent. Deux pièces, d'après Huet.

~~86. — Le Plaisir innocent et le Mouton chéri. Deux pièces, d'après Huet.~~

87. — Études d'Amours, gravées d'après Boucher. Trois pièces.

88. **Denon.** Saint Jérôme dans le désert. Très-belle épreuve.

89. — Le Martyre de saint Pierre, d'après le Titien. Très-belle épreuve.

90. — Les Lions. Première épreuve avant les noms gravés au burin.

91. **Drevet** (P.-J.). Adrienne Le Couvreur, actrice, d'après Ch. Coypel. Rare épreuve avant l'*e* au mot *model*.

92. **Durer** (ALBERT). Sainte Anne et la jeune Vierge (B. 29).

93. — La Vierge allaitant l'Enfant Jésus (B. 34). Belle épreuve.

94. — Saint Eustache ou saint Hubert (B. 57). Belle épreuve.

96. — Le Groupe des quatre femmes nues (B. 75). Belle épreuve.

97. — La Dame à cheval (B. 82).

98. — L'Oriental et sa Femme (B. 85). Belle épreuve.

99. — Le Branle (B. 90). Belle épreuve.

100. — Les Offres d'amour (B. 93). Belle épreuve.

101. — La Vierge aux lapins (B. 102). Gravée sur bois.

102. — Le Calvaire. Pièce gravée sur bois.

103. **Van Dyck** (Antoine). Monper (Judocus de) par L. Vosterman. Epreuve du 1er état avant le nom du graveur et avec l'adresse de M. Van den Eden.

104. — Noordt (Adam Van). Ancienne et belle épreuve.

105. — Pontius (Paul). Ancienne et belle épreuve.

106. — Snellinx (Jean). Ancienne épreuve.

107. — La même estampe.

108. — Suttermans (Juste). Très-belle et ancienne épreuve.

109. — Wael (Jean de). Ancienne épreuve.

110. — Pepin (Martin), par Bolswert. Superbe épreuve du 1er état.

111. — Mirevelt (Michel), par Guillaume Delf. Très-belle épreuve du 1er état.

112. — Jean Molderus, évêque d'Amiens, par Hollar.

113. — Jean, comte de Nassau, par Pontius. Très-belle épreuve du 1er état.

114. — Palamède Palamedessen, par P. Pontius. Superbe épreuve du 1er état.

115. — Pappenheim (Godfroy Henri, comte de), par C. Galle. Superbe épreuve du 1er état.

116. — Rockox (Nicolas), par P. Pontius. Superbe épreuve.

117. — Rombouts (Théodore), par P. Pontius. Superbe épreuve du 1er état.

118. — Scaglia (César-Alexandre), par P. Pontius. Très-belle épreuve du 1er état, que Weber indique comme presque unique.

119. — Simon de Vos, par P. Pontius. Superbe épreuve du 1er état.

120. — Snayers (Pierre), par André Stock. Ancienne épreuve.

121. — Voerst (Robert Van), par lui. Superbe épreuve du **1er état avant le nom du graveur.**

122. — Le prince Gaston de France, par L. Vosterman. Superbe épreuve du 1er état.

123. — Bosschaert (Thomas-Willeborts), par un graveur anonyme. Très-belle épreuve d'un portrait rare.

124. **Earlom** (RICHARD). Vieille femme lisant, d'après F. Bol. Très-belle épreuve.

125. — Eaux fortes, par divers artistes. Six pièces.

126. **Ecole française**. Scènes de différents jeux. Douze pièces de charmantes compositions.

127. **Ecole française du 18e siècle**. Vénus châtiant l'Amour. Belle épreuve avant la lettre.

128. **Ecole hollandaise**. Portrait de Bartholomé Breemberg, peintre. Rare.

129. **Edelinck** (GERARD). Arnauld (Antoine). (R. D. 140). Belle épreuve.

130. **Eisen** (CH.). Enfant couché, d'après Boucher.

131. **Farinati** (Paul). La Sainte Vierge; l'Enfant Jésus et St-Jean (B. 4). Belle épreuve.

132. **Ficquet** (ETIENNE). Portrait de La Fontaine. Belle épreuve.

133. — Portrait de d'Alembert. Très-belle épreuve avant la lettre.

134. — Portrait de Descartes. Belle épreuve.

135. — Portrait de J.-J. Rousseau. Belle épreuve.

136. — Portrait de Ch. Eisen. Belle épreuve.

137. — Portrait de Lamothe-Le-Vayer. Superbe épreuve avant la lettre.

138. — Portrait de Chennevière. Belle épreuve.

139. — Portrait de Van Huysum. Epreuve avant toute lettre.

140. **Flamen** (ALBERT). Les Bécasses. Deux pièces.

141. **Fragonard**. Satyres et Nymphes. Quatre pièces gravées à l'eau-forte en imitation de bas-relief antique. Très-belles épreuves.

142. — Sujet pastoral, et une pièce, d'après Ribera. Deux piéces. Belles épreuves.

143. **Fragonard** (D'après). S'il m'était aussi fidèle, gravé par Dennel. Belle épreuve avec une grande marge.

144. — Le Chiffre d'amour, gravé par N. de Launay. Rare épreuve avant la lettre.

145. — C'est papa, par De Launay.

146. — La Gaîté de Silène, par De Launay. Belle épreuve avant la dédicace, avec grandes marges.

147. — La Folie et l'Amour. Deux pièces gravées en couleur, par Janinet, et faisant pendants.

148. **Franco** (Baptiste). Melchisédech offrant du pain et du vin à Abraham (B. 5).

149. — Le Déluge (B. 3 de l'Appendice),

150. — Les Israélites ramassant la manne (B. 4). 1re épreuve; elle est doublée.

151. **Galle** (Théodore). Sainte Ursule, d'après Jean Stradan. Superbe épreuve.

152. **Gellée** (Claude). Le Port de mer à la Grosse-Tour (R. D. 13).

153. — Berger et Bergère conversant (R. D. 21). Belle épreuve.

154. **Gheyn** (Jacques de). La Coquette. Pièce curieuse pour le costume. Superbe épreuve.

155. — Le Triomphe de Neptune, pièce de forme ronde entourée de Tritons et de Nymphes. Très-belle épreuve.

156. — La Diseuse de bonne aventure, etc. Trois pièces. Très-belles épreuves.

157. — Les Trois Croix, d'après J. Van der Broeck. Très-belle épreuve.

158. — Portrait de Hugo Grotius. Belle épreuve.

159. **Ghisi** (Adam). La Servitude, d'après Mantègne (B. 103). Belle épreuve.

160. **Ghisi** (GEORGES). Hercule se reposant sur sa massue (B. 41). Belle épreuve.

161. **Ghisi** (DIANE). Aspasie et Socrate (B. 32). Belle épreuve.

162. **Goltzius** (HENRI). Le Massacre des Innocents. Epreuve avec l'adresse de Vischer.

163. — La Sainte Famille (B. 24). Très-belle épreuve.

164. — Portrait de Jean Bol (B. 161). Belle épreuve.

165. — Portrait de Jean Zurenus (B. 189). Belle épreuve.

166. — Portrait de Catherine Decker (B. 210.) Belle épreuve.

167. **Goudt** (COMTE H). Cérès changeant Stellion en lézard. Très-belle épreuve.

168. **Goya** (FRANCESCO). Philippe III, roi d'Espagne, et Marguerite d'Autriche, sa femme. Deux pièces, d'après Velasquez.

169. — Philippe IV, roi d'Espagne, et Isabelle de Bourbon, sa femme. Deux pièces, d'après Velasquez.

170. **Greuze** (D'après). La Fille confuse, gravée par Ingouf. Epreuve avant la dédicace.

171. — La Philosophie endormie. Très-rare épreuve avant la lettre, gravée à l'eau-forte, par H. Fragonard.

172. — La même estampe. Epreuve terminée au burin par Aliomet.

173. — Le Joueur de Guitare, gravée par Moitte. Rare épreuve avant la lettre.

174. — Invocation à l'Amour. Epreuve avant la lettre, et étude du tableau de la Dame de Charité. Deux pièces.

175. — La Bonne Mère. Epreuve avant la lettre.

176. **Haften** (NICOLAS). Son portrait, gravé en manière noire par lui. Rare.

177. **Halen** (ARNOLD VAN). Portrait de Jean Van Huysum, peintre de fleurs, gravé en manière noire.

178. **Hollar** (WENCESLAS). Les Quatre Saisons. Belles épreuves.

179. — Saint Laurent et Vénus. Deux pièces.

180. — Portrait de Albert Durer. Belle épreuve.

181. — Portrait de l'Arétin. Belle épreuve.

182. **Hyre** (L. DE LA). La Vierge et l'Enfant Jésus servis par des anges (R. D. 5). Epreuve du 1er état.

183. **Impériale** (JÉRÔME). La Sainte Vierge (B. 3). Belle épreuve.

184. **Kartarius** (M). La Descente de Croix (B. 5), d'après Raphaël.

185. **Krug** (LOUIS). La Nativité (B. 1). Belle épreuve.

186. **Krug** (LOUIS). L'Adoration des Mages (B. 2). Belle épreuve. (Collection Dumesnil.)

187. **Lairesse** (GÉRARD DE). Bacchanale.

188. **Lawrence** (D'après). L'Heureux moment, par De Launay. Epreuve à l'eau-forte.

189. — Le Lever. Epreuve à l'eau-forte.

190. **Lesueur** (EUSTACHE). Sainte Famille (R. D. 1). Epreuve du 1er état avant l'adresse de F. Bourlier. La La Vierge et l'Enfant Jésus, d'après le Guide, par Lagrenée, deux pièces, très-belles épreuves.

191. **Leu** (THOMAS DE). Portrait de Catherine de Bourbon, sœur de Henri IV. Superbe épreuve.

192. — Portrait de Henri IV, dans un médaillon entouré d'attributs. Belle épreuve.

193. — Portrait de Antoine Caron, peintre. Très-belle épreuve.

194. **Leyde** (LUCAS DE). Le Péché d'Adam et Eve (B. 8). Belle épreuve.

195. — Abraham renvoyant Agar (B. 18). Belle épreuve.

196. — Saint Joachim et Sainte Anne (B. 34). Belle épreuve.

197. — Jésus-Christ à la montagne des Oliviers (B. 44). Belle épreuve.

198. — Les Quatre Évangélistes (B. 100 à 103). Belles épreuves.

199. — Saint Jean-Baptiste dans le désert (B. 110). Belle épreuve.

200. — Saint Jérôme (B. 112). Belle épreuve.

201. — Saint François d'Assise (B. 120). Belle épreuve.

202. — Composition d'ornements (B. 161).

203. — Deux ronds (B. 170). (Collection H. Weber.

204. **Liagno** (Théodore-Philippe). La Nymphe amoureuse d'un Satyre. (B. 30).

205. **Lingée** (L.). Portrait de Mlle Raucourt, d'après Freudeberg. Belle épreuve.

206. **Livens** (Jean). Saint Antoine. (Cl. 8). Belle épreuve.

207. — Buste de vieillard, vu de face. (Cl. 70). Ce portrait est celui de Robert South, âgé de cent douze ans. (Collections Mariette, Fries et Verslfotk de Soelen.

208. **Longhi** (Joseph). La Madeleine couchée, d'après le Corrège. Ancienne et belle épreuve.

209. — Buste de vieille et portrait de Marie de Rohan. Deux pièces.

210. **Lorch** (Melchior). Portrait d'Auger de Busbec, et portrait de Hans Lantensack. Deux pièces.

211. — L'Homme crucifié; Vénus et l'Amour, par Ampruk, graveur et au maillet. Deux pièces, par V. Solis, etc. Cinq pièces belles épreuves.

212. **Mallery** (Charles de). La Vierge et l'Enfant Jésus. Belle épreuvre.

213. **Marin** (Louis). Cupidon et Vénus; les trois Grâces. Deux pièces exécuté par un procédé de miniature, sur fond d'or. (Rares.)

214. **Matham** (Jacques). Intérieur de chambre hollandaise. (B. 165.)

215. Intérieur de cuisine hollandaise. (B. 166.)

216. Une vendeuse de légume. (B 167).

Cette estampes, ainsi que les deux précédentes, sont très-curieuses pour les costumes.

217. L'Amour domptant le dieu Pan. Belle épreuve.

218. **Metzys** (CORNEILLE). Pièce des Amours des Dieux, d'après Perino del Vaga.

219. Melchisedech et autres. Trois pièces.

220. **Mattioli** (LOUIS). Sainte Famille. (B. 17.). Belle épreuve.

221. **Mellan** (Cl.). Loth et ses filles; l'Abreuvoir, par Colignon, etc.

222. **Molenaer**. Les Débauchés. Pièce unique du maître. Très-rare épreuve avant le nom.

223. **Monogramme G. A.** Arc de triomphe antique. Pièce unique du maître. Très-rare.

224. **Monogramme F. B.** Les Muses. (B. 16-24). Suite de neuf estampes. Belles épreuves.

225. **M. F. B.** Combat de gladiateurs à pied (B. 21), et la Tempérance (B. 29). Deux pièces.

226. **Monogramme I. B.** Portrait de Martin Luther. (B. t. VIII, page 302-9.)

227. **Morin** (JEAN). Portrait de Christin, d'après Van Dyck. Superbe épreuve.

228. **Muller** (J.-G.). Wille (Jean-Georges), graveur. Superbe épreuve avec toutes marges.

229. **Nanteuil** (ROBERT). Portrait de Anne d'Autriche. (R.-D. 22.) Belle épreuve.

230. — Bellièvre (Pompone de), premier président au parlement de Paris. (R. D. 36). Belle épreuve.

231. — Barberin (Antoine), cardinal, archevêque de Reims. (R. D. 29).

232. — Portrait de La Meilleraye (Charles de La Porte, duc de), maréchal de France. (R. D. 118). Très-belle épreuve.

233. — Lamoignon (Guillaume de), premier président du parlement de Paris. (R. D. 119). Belle épreuve.

234. — Le Masle (Michel), chanoine de l'Eglise de Paris. (R. D. 126). Très-belle épreuve.

235. — Portrait de Loret (Jean). (R. D. 150). Belle épreuve.

236. — Neufville (Ferdinand de), évêque de Chartres. (R. D. 203). Rare épreuve du 1er état, avec une grange marge.

237. — Stenbergen (Jean-Baptiste Van), avocat de Hollande. Belle épreuve.

238. **Nasini** (Jean-Nicolas). La sainte Vierge. (B. 1). Belle épreuve.

239. **Ossenbeeck** (J. Van). La Diseuse de bonne aventure. (B. 21). Belle épreuve.

246. — La Caffarelli. (B. 25). Superbe épreuve du 1er état.

241. **Ostade** (Adrien Van). Paysan avec petite toque noire (B. 1); Paysanne qui rit (B. 2); Paysan avec un bonnet pointu (B. 3). Trois pièces. Anciennes épreuves.

242. — Le Fumeur riant (6). Deux épreuves de différents états.

243 — Paysan sonnant du cor. (7). Ancienne épreuve.

244. — La Tendresse champêtre. (11). Ancienne et belle épreuve.

245. — L'Homme et la femme causant ensemble. (12).

246. — Les Fumeurs. (13). Deux épreuves anciennes.

247. — La Cruche vide. (15). L'École. (17). Deux pièces.

248. — La Poupée demandée. (16). Belle épreuve.

249. — Gueux au dos courbé. (20). Gueux debout les mains derrière le dos. (21). Deux pièces. Anciennes épr.

250. — Gueux enveloppé d'un manteau. (22). Deux épr.

251. — La Grange. (23).

152. — Homme et femme marchant. (24). Le Fumeur et le Buvenr. (24*). Deux pièces.

253. — La Devideuse à la porte de sa maison. (25). Deux épreuves.

254. — Les Pêcheurs. (26). Deux épreuves, dont une très-belle, provenant de la collection W. Esdaile.

255. — Trois figures grotesques. (28). Le Marchand de lunettes. (29). Trois pièces.

256. — La Chanteuse. (30). Belle épreuve.

257. — La Fileuse. (31). Très-belle épreuve avant le trait carré renforcé.

258. Le Peintre. (32). Ancienne et belle épreuve provenant de la collection W. Esdaile.

259. Le Père de famille. (32). Deux épreuves, dont une avant les travaux au burin.

260. — L'Emouleur (36). L'Homme conversant avec la femme. (37). Trois pièces, dont une avant divers travaux.

261. — Les Musiciens ambulans. (38). Deux pièces, dont une avant divers travaux.

262. — Le Trictac. (39). Le Charcutier. (41). Deux pièces. Belles épreuves.

263. — Le Paysan payant son écot. (42). Très rare épreuve, avant des tailles diagonales ajoutées depuis sur plusieurs parties du fond, notamment près de l'homme assis près du feu et le mateau de la cheminée.

264. — La même estampe. Trois épreuves de différents état.

265. — Le Charlatan. (43). Très-belle épreuve avant divers travaux, avec toute sa marge.

266. — Le Violon et le petit vielleur. (45). Deux épreuves belles, avec différences.

267. — La Famille. (46). Très-belle épreuve, avant les travaux additionnels.

268. — Le Goûter. (50). Ancienne et belle épreuve avant différents travaux.

269. **Ostade** (d'après). Intérieurs flamands. Cinq pièces gravées par Janinet et Baillie.

270. **Palma** (Jacques). Saint Jérôme et le pape Damare (B. 16). Belle épreuve.

271. **Passe** (C. de). La sainte Vierge, etc., allégorie sur le temps. Très-belles épreuves, deux pièces.

272. **Pencz** (G.). Abraham renvoyant Agar (3). Abraham caressant Agar (6). Les Filles de Loth (B. 20). Trois pièces.

273. — Les Filles de Loth (20). Le Poëte Virgile (87). Deux pièces.

274. — Jésus-Christ à la croix (B. 57). Deux épreuves.

275. — Soigner les malades (B. 63). Belle épreuve.

276. — Thomiris (B. 70). Belle épreuve.

277. — Artémise (B. 83). Belle épreuve.

278. — Diane au bain (B. 91). Belle épreuve.

279. — Le Juge (B. 95). Le Mari subjugué (B. 97). Deux pièces, belles épreuves.

280. — Le Bon samaritain, et trois pièces de l'histoire de Tobie.

281. **Petits maîtres.** Différents sujets. Onze pièces.

282. **Picart** (Stephanus). Sainte Cécile chantant les louanges de Dieu, d'après le Dominiquin. Très-belle épreuve.

283. **Picart** (Bernard). Portrait de dom Louis, prince des Asturies. Belle épreuve.

284. **Piccioni** (Mathieu). Trajan ordonnant d'alimenter tous les jeunes garçons d'Italie (B. 19). Très-belle épreuve.

285. — Prières satiriques sur la guerre de l'Angleterre et les colonies d'Amérique, etc. Deux pièces.

286. — **Poilly** (François). Saint Jérôme. Rare épreuve avant la lettre.

287. — Saint Augustin écrivant ses œuvres. Rare épreuve avant la lettre.

288. — **Poilly** (Nicolas). Louis XIV, d'après Mignard. Très-belle épreuve.

289. **Pontius** (Paul). Philippe IV, roi d'Espagne. Belle épreuve.

290. **Ponce** (N.) Buste d'Homère, etc. Deux pièces.

291. **Porporati**. Oénone et Paris, d'après Vander Verff. Pièce gravée en manière noire. Rare épreuve avant la lettre.

292. **N. Poussin** (d'après). Fête à Cérès, gravé par Girardet. Epreuve avant la lettre.

293. **Pradier**. Portrait de Joseph Bonaparte, roi d'Espagne, d'après Gérard. Epreuve avant la lettre.

294. **Prud'hon**. La Famille malheureuse. Belle épreuve avant la retouche.

295. **Prud'hon** (d'après). Daphnis et Chloé, gravé par Lecomte. Epreuve avant la lettre.

296. **Raimondi** (Marc-Antoine). La Vierge au palmier (B. 62). Epreuve avant la retouche.

297. — Saint Pierre (B. 125). Belle épreuve.

298. — Les Vertus. Cinq pièces, elles sont doublées.

299. — Le Jeune homme à la lanterne. Copie en contrepartie du nº 384.

300. — Les Chanteurs (B. 468); plus, la copie. Deux pièces.

301. — Pierre Arétin, poëte italien (B. 513).

302. — Le Seigneur et la Dame. Pièce gravée d'après Alb. Durer. (B. 652).

303. **Rembrandt** (Van-Rhyn). Rembrandt au bonnet orné d'une plume (Cl. 20). Belle épreuve, le nom apparent.

304. — Rembrandt dessinant (Cl. 22). Deux épreuves.

305. — Rembrandt au bonnet fourré et habit blanc (Cl. 24). Belle épreuve. Collection du prince de Paar.

306. — Rembrandt aux cheveux courts et frisés (Cl. 26). Deux épreuves, dont une du 1er état avant le nom.

307. — Rembrandt avec trois crocs (Cl. 28).

308. — Abraham carressant Isaac (Cl. 38). Très-belle épreuve avant le trait échappé au-dessus de l'épaule gauche d'Isaac.

309. — La même estampe. Epreuve du même état, plus une épreuve avec le trait échappé.

310 — Abraham parlant à Isaac (Cl. 39). Plus la copie par B. Picart.

311. — David en prière (Cl. 46), Tobie le père, aveugle (Cl. 45). Deux pièces.

312. — La Nativité (Cl. 49). Belle épreuve. Collection Ackermann.

313. — La Circoncision (Cl. 51). Deux épreuves, dont une du premier état, inconnu à Bartsch et à Claussin, avant les travaux à la pointe sèche vers le milieu du haut de la planche.

314. — Présentation au Temple (Cl. 53).

315. — Fuite en Egypte (Cl. 57). Deux épreuves.

316. — Fuite en Egypte (Cl. 59). L'ange qui disparaît à la famille de Tobie (Cl. 47). Deux pièces.

317. — La petite Tombe (Cl. 67). Ancienne et belle épreuve.

318. — Jésus-Christ chassant les vendeurs du Temple (Cl. 73). Très-belle épreuve.

319. — La Samaritaine (Cl. 74). Belle épreuve sur papier du Japon.

320. — La Samaritaine (Cl. 75). Deux épreuves, dont une avant plusieurs travaux.

321. — Jésus-Christ en croix (Cl. 85). Ancienne épreuve. Collection Ackermann.

322. — Jésus-Christ au tombeau (Cl. 90). Belle épreuve tirée sur papier à la Folie. Collection Remy, 1739.

323. — La même estampe. Ancienne épreuve, provenant de la collection Debois.

324. — La Décollation de saint Jean (Cl. 96). Le Martyre de saint Etienne (Cl. 100). Deux pièces, belles épreuves.

325. — Baptême de l'Eunuque (Cl. 101). Très-belle épreuve.

326. — Saint Jérôme (Cl. 108). Belle épreuve.

327. — La Jeunesse surprise par la Mort (Cl. 111). Très-belle épreuve.

328. — La même estampe. Belle épreuve.

329. — La Fortune contraire (Cl. 113). Belle épreuve.

330. — Chasse au lions (Cl. 117). Belle épreuve.

331. — Sujet de bataille (Cl. 119).

332. — Trois figures orientales (Cl. 120). Très-belle épreuve.

333. — Les Musiciens ambulants (Cl. 121). Très-belle épreuve, avant les travaux sur la poitrine de l'enfant.

334. — La même estampe. Deux belles épreuves, dont une avant les travaux.

335. — Le Vendeur de mort aux rats (Cl. 123).

336. — Le Petit Orfèvre (Cl. 125). Deux épreuves, anciennes.

337. — Le Jeu du Kolf (Cl. 127). Belle épreuve. Collection Debois.

338. — Synagogue des Juifs (Cl. 128). Ancienne épreuve.

339. = Le Maître d'école (Cl. 129). Le Dessinateur (Cl. 131).

340. — Le Joueur de cartes (Cl. 136). Deux épreuves, dont une avant divers travaux dans le ciel.

341. — Vieillard vu par le dos (Cl. 142). Belle épreuve.

342. — Paysan et Paysanne marchant (Cl. 143). Très-belle épreuve.

343. — Homme méditant (Cl. 146).

344. — Vieille mendiante (Cl. 167). Deux épreuves, dont une très-belle.

345. — Mendiants, homme et femme, à côté d'une butte. Très-belle épreuve.

346. — Gueux assis au bas d'un mur (Cl. 170). Belle épreuve.

347. — Gueux assis sur une motte de terre (Cl. 171). Très-belle épreuve avant le nom de Rembrandt écrit en toutes lettres, plus la copie.

348. — Etude pour la grande mariée Juive (Cl. 331). Belle épreuve.

349. — Le Dessinateur, d'après le modèle (Cl. 189). Très-belle épreuve.

350. — Figures académiques d'hommes (Cl. 191). Les baigneurs (192). Deux pièces. Anciennes épreuves.

351. — Négresse couchée, L'Abreuvoir de la Vache. Deux pièces.

352. — Vieillard portant la main à son bonnet (Cl. 256). Epreuve du premier état, avant que la planche ait été terminée par Schmidt.

353. — Homme avec chaîne et croix (Cl. 258). Superbe épreuve du deuxième état, avant le prolongement des travaux dans le fond jusqu'au bord supérieur de la planche. Collection Weber.

354. — La même estampe. Deux épreuves de différents états.

355. — Vieillard à grande barbe et bonnet fourré (Cl. 259). Superbe épreuve avec belles marges.

356. — Menassé Ben-Israel (Cl. 266).

357. — Portrait de Clément de Jonghe (Cl. 269). Contre-épreuve du premier état. Très-rare.

358. — Abraham France (Cl. 270). Ancienne épreuve.

359. — Le jeune Haaring (Cl. 273). Epreuve de la planche coupée.

360. — Uttembogaerd, dit le Peseur-d'Or (Cl. 278). Ancienne épreuve, signée Donnadieu.

361. — Vieillard à grande barbe (Cl. 287). Et contre-épreuve. Vieillard à barbe courte (Cl. 296). Trois pièces.

362. — Tête d'homme, de face (Cl. 300). Très-belle épreuve.

363. — Homme à bouche de travers (Cl. 301). Belle épreuve.

364. — Vieillard à grande barbe (Cl. 308). Très-belle épr.

365. — Homme à moustaches et à grand bonnet (Cl. 314). Belle épreuve.

366. — La grande Mariée Juive (Cl. 330). Belle épreuve.

367. — Griffonnements, où se voit la tête de Rembrandt (Cl. 353). Très-belle épreuve.

368. — Trois têtes de femmes, dont une qui dort (Cl. 358). Très-belle épreuve.

369. — Vieillard à grande barbe. Très-belle épreuve.

270. — La Faiseuse de Koucks; le Retour de l'Enfant Prodigue; la Mère de Rembrandt et Vieillard à grande barbe. Quatre pièces.

371. — Diverses copies, d'après Rembrandt, dont la Bohémienne espagnole. Six pièces.

372. — Diverses copies d'estampes rares, d'après Rembrandt, dont le Bourguemestre six; le Paysage aux Trois Arbres, etc. Quarante-six pièces.

373. **Rembrandt** (D'après). Jésus chez Marthe et Marie. Deux pièces.

374. **Ribera** (Joseph). Saint Jérôme (B. 4).

375. **Ricci** (Marc). Sujets de Ruines (B. 9-10). Deux pièces.

376. **Robert** (D'après). La prière interrompue; l'Hermite du Colisée. Deux pièces gravées en couleur par Descourtis.

377. **Rosa** (François). La Mort de Caton. Pièce inconnue à Bartsch.

378. **Rosa** (Salvator). Centaure enlevant Déjanire et combat de Centaures.

379. **Rota** (Martin). Portrait d'hommes en costume du temps de Philippe II. Rare épreuve, avant le nom du maître, d'un portrait non décrit par Bartsch.

380. **Rubens** (D'après). La Vieille à la chandelle. Belle épreuve.

381. — Suzanne et les Vieillards ; Vénus et les Amours, etc. Cinq pièces. Très-belles épreuves.

382. **Sadeler** (Raphael). Diane découvrant la grossesse de Calisto, etc. Quatre pièces. Très-belles épreuves.

383. **Saenredam** (Jean). Saint Paul et saint Barnabé à Lystre. Très-belle épreuve.

384. — La Foi, l'Espérance et la Charité, représentés par des femmes qui portent leurs attributs. Suite de trois estampes (B. 81-83). Superbes épreuves.

385. — Un Peintre peignant, d'après une femme qui se regarde dans un miroir (B. 100). Très-belle épreuve.

386. — L'Antre de Platon, d'après Corneille Cort. Très-belle épreuve.

387. **Laft-Leven** (Herman). Son portrait gravé par lui. Belle épreuve.

388. **Saint-Aubin** (Augustin de). Comptez sur mes serments ! Mais soyez discret. Deux pièces faisant pendants. Epreuves avant la lettre avec toutes marges.

389. — Portrait de Stefano. Zannouvich de Dalmatie. Jacques Matham. Jacques Chimarrhaeus. Comte Palatin, par Sadeler, etc. Quatre pièces.

390. — Portrait de Necker, d'après Duplessis. Belle épreuve.

391. — **Saint Non**. Attributs champêtres, d'après Leprince, de forme ronde. Rares épreuves, d'eau-forte pure.

392. — Vue gravée au château de Saint-Aubin en Picardie. Deux épreuves différentes.

393. **Salimberne** (Ventura). La Vierge avec l'Enfant Jésus (B. 6). Belle épreuve.

394. **Santis** (Horace de). La Sainte Famille (B. 4). Belle épreuve.

395. **Savart** (Pierre). Portrait de Rabelais. Belle épreuve.

396. **Sart** (Corneille Du). Le Chirugien de village (B. 13). Belle et ancienne épreuve.

397. — Le Fumeur. Pièce gravée en manière noire et inconnue à Bartsch. Rare.

398. **Schmidt** (G.-F.). Mignard (Pierre). Très-belle épreuve.

399. — Silva (Jean-Baptiste). Très-belle épreuve.

400. — Tubières de Caylus (Charles-Gabriel). Très-belle épreuve.

401. — Portrait de Frédéric III, roi de Prusse. Belle épreuve.

402. — Borck (Frédéric-Guillaume). Superbe épreuve.

403. — Portrait de la baronne de Grapendorf dans un médaillon soutenu par deux Génies. Très-belle épreuve.

404. — Buste de vieillard, d'après Flinck; plus, deux bustes de femmes.

405. — Le prince de Gueldre et le Père de la fiancée réglant sa dot, d'après Rembrandt. Belles épreuves, deux pièces.

406. — Portraits, d'après Rembrandt, dont deux portraits de Rembrandt, vieux et jeune. Trois pièces, très-belles épreuves.

407. — Portraits de femmes, d'après Rembrandt et autres. Trois pièces.

408. — Jésus-Christ ressuscitant la fille de Jaïre, d'après Rembrandt. Superbe épreuve.

409. — Le Fumeur et le Buveur, d'après Ostade. Superbe épreuve.

410. — Groupe d'enfants, d'après F. Flamand; Saint Antoine, par G. de Frey, et buste de vieillard, d'après Rembrandt. Très-belles épreuves, trois pièces.

411. — Buste de vieillard, d'après Flinck; la Pouilleuse, d'après Rembrandt, et un Portrait de femme, par Boader. Très-belles épreuves, trois pièces.

412. **Schmutzer**. Portrait de Dietrich. Rare épreuve avant la lettre.

413. **Schongauer** (Martin). L'Annonciation (B. 3).

414. **Seri** (ROBERT DE). Jupiter et Antiope (R. D. 2); Femme en buste (3). Belles épreuves, deux pièces.

415. **Sirani** (ELISABETH). La Vierge, l'Enfant Jésus et saint Jean (B. 6). Belle épreuve. (Collections Gawet et du comte de Fries.)

416. **Sirani** (JEAN-ANDRÉ). Judith tenant la tête d'Holopherne. Belle épreuve.

417. **Stoop** (THIERRY). Cheval attaché à un palis (B. 9). Épreuve avant le numéro.

418. **Suyderhœf** (JONAS). Eleazar Swalmius, d'après Rembrandt. 1er état, avec l'adresse de P. Goos.

419. **Swanevelt** (HERMAN). Les Satyres (B. 33). Pièce très-rare.

420. **Tardieu** (AMBROISE). Madame Elisabeth. Charmant portrait dans un ovale, entouré de vers, toute marge.

421. **Tardieu** (ALEXANDRE). Le maréchal Ney, d'après Gérard. Belle épreuve.

422. **Treu** (MARTIN). Trois pièces de l'histoire de l'Enfant prodigue.

423. **Uliet** (JEAN-GEORGES). La Famille (Cl. 56). Deux belles épreuves.

424 — Buste de vieillard, d'après Rembrandt. Belle épreuve.

425. — Gueux qui vomit (Cl. 91). Très-belle épreuve.

426. **Valesio** (JEAN-LOUIS). Vénus châtiant l'Amour (B. 5). Belle épreuve.

427. **Vanni** (FRANÇOIS). Saint François en extase (B. 3). Belle épreuve.

428. **Van Schuppen.** Portrait de Marguerite de Lorraine. Très-belle épreuve.

429. **Velde** (ADRIEN VAN DE). Les Trois bœufs (B. 3). Belle épreuve.

430. **Velde** (JEAN VAN DE). Les Tours de physique. Pièce curieuse pour les costumes.

431. **Venitien** (Augustin). L'Académie de Baccio-Bandinelli.

432. **Verkolye** (Nicolas). L'Homme et la Femme à la souricière, d'après G. Dow; la Femme à la chandelle et l'Homme et la Femme à la croisée, par Schenk. Trois pièces gravées en manière noire.

433. **Vico** (Énée). Aiguières (B. 421-433).

434. — L'Académie de Baccio-Bandinelli (B. 49).

435. **Vosterman** (Lucas). Portrait de Jérôme de Ban, d'après Jean Livins. Superbe épreuve.

436. — Portrait de Claude Maugis. Belle épreuve.

437. — Suzanne surprise au bain, d'après Rubens.

438. **Watelet.** Pierrot et Arlequin, d'après Watteau. Très-belle épreuve à l'eau-forte.

439. **Waterloo** (Ant.). Les Deux voyageurs en repos dans le bois (B. 123). Très-belle épreuve tirée avant divers travaux.

440. — Le Chien buvant dans le ruisseau (B. 120). Très-belle épreuve tirée avant différents travaux.

441. — Différents paysages. Douze pièces. Très-belles et anciennes épreuves.

442. **Watteau** (Antoine). La Troupe italienne, gravée à l'eau-forte par Watteau et retouchée au burin par Simonneau. Belle épreuve avec l'adresse de Chereau.

443. — Le Conteur, par Cochin. Superbe épreuve.

444. — Femme assise ; deux épreuves, dont une avant le paysage; plus, deux études de femmes. Quatre pièces gravées par Boucher.

445. — Etudes de femmes, par Boucher. Trois pièces.

446. — Etudes de femmes et d'hommes. Cinq pièces gravées par Boucher. Très-belles épreuves.

447. — Figures de modes dessinées et gravées par Antoine Watteau, et terminées au burin par Thomassin, le fils. Huit pièces.

448. **Westerhout** (Arnold). Le Grand saint Antoine de Padoue, d'après Cyrus Ferrus. Très-belle épreuve.

449. **Wierix** (Jean). Portrait de Eléonore de Bourbon, princesse d'Orange. Superbe épreuve.

450. **Wierix** (Jerôme). Sainte Louise et l'Ange gardien. Superbe épreuve.

451. **Wille** (J.-G.). Portrait de Bernard Belidor. Belle épreuve.

452. — La Bonne femme de Normandie et sa sœur. Deux pièces, belles épreuves.

453. — La Tante de Gérard Dow. Belle épreuve avant la lettre.

454. **Wille** fils (d'après). La Bonne mère, par Chevillet. Rare épreuve avant toute lettre, avec grandes marges.

455. **Witdouc** (H.). L'Adoration des rois, d'après Rubens. Très-belle épreuve.

456. **Wyck** (Thomas). La Fileuse (B. 1). Belle épreuve.

457. — Buste d'homme. Pièce très-rare.

458. — **Wyngaerde** (François van den). Achille reconnu par Ulysse parmi les filles, à la cour du roi de Nicomédie, d'après Van Dyck. Superbe épreuve.

459. — L'Ivresse de Sylène, d'après Rubens. Rare et belle épreuve.

460. **Zagel** (Martin). La Décollation de sainte Catherine (B. 8).

Renou et Maulde, imprimeurs de la Compagnie des Commissaires-Priseurs, rue de Rivoli, 144. 3132

www.ingramcontent.com/pod-product-compliance
Ingram Content Group UK Ltd.
Pitfield, Milton Keynes, MK11 3LW, UK
UKHW020445220726
13923UKWH00005B/2349

9 782019 307493